Geschichten aus dem Zahlenland
Zehn Bücher mit je einer Geschichte für die Zahlen 1 bis 10
Entstanden im Rahmen der „Entdeckungen im Zahlenland“, einem Konzept für die frühe mathematische Bildung von Prof. Gerhard Preiß

Preiß, Gerhard:
Geschichten aus dem Zahlenland 1 bis 5
Buch 1: Der Traum vom wundersamen Einerland
ISBN: 3-9809690-0-2

www.zahlenland.info

DAEKYO
Der Verfasser der Geschichten hat im Jahr 2003 eine Übertragung seines Projekts „Entdeckungen im Zahlenland“ auf das Home-School-System der Firma DAEKYO in Südkorea ausgearbeitet. Im Rahmen dieser Zusammenarbeit wurden die Geschichten ins Koreanische übersetzt und illustriert. Diese Bilder von Künstlern aus Südkorea wurden mit freundlicher Zustimmung von DAEKYO für die deutsche Ausgabe übernommen.
Illustration: Lee, Kwang Ik
Satz und Druck: DAEKYO PUBLISHING / Tara TPS in Südkorea

Der Traum vom wundersamen Einerland

Text: Gerhard Preiß **Illustration**: Lee, Kwang Ik

Entdeckungen im Zahlenland
von Prof. Preiß

Liebe Kinder, als ich heute in der Nacht aufwachte,
habe ich seltsame Dinge erlebt. Dies will ich euch erzählen.

Ich liege also im Bett und schlafe.

Da höre ich den Wecker klingeln, aber nur ein Mal:
RRRRR - dann ist es wieder still.

Ich knipse das Licht an und schaue mit einem Auge, wie viel Uhr es ist: Es ist 1 Uhr.

Noch ist es dunkel, der Mond steht vor dem Fenster, und ein Stern leuchtet am Himmel.

Auf einem Bein hüpfe ich ins Bad und putze mit der Zahnbürste meinen einzigen Zahn.

Im Spiegel sehe ich, dass ein blauer Punkt auf der Stirn glänzt.

Auf meinem Kopf wächst ein einziges Haar.

Da wird mir klar, dass ich im Einerland bin, wo es alle Dinge nur einmal gibt.

Deshalb schwimmt nur noch ein Fisch in meinem Aquarium.

Im Regal steht ein einziges Buch, das Bilderbuch von der Zahl 1.

In der Küche leere ich mit einem Schluck
ein Glas Milch und vertilge
mit einem Bissen ein Stück Brot.

Dann hole ich die Zeitung.

Mein Hund liegt vor der Tür und spielt mit einem Ball.

Die Zeitung besteht nur aus einem Blatt.

Vorne steht die 1, und auf der Rückseite finde ich das Lied „Ein Männlein steht im Walde.“

Wie soll ich mit meinem Auto in die Stadt kommen, wenn es nur auf einem Rad fahren kann?

Und wenn es in der ganzen großen Stadt nur noch ein Haus gibt?

So lege ich mich wieder ins Bett.

Und wie ich um 8 Uhr aufwache,
ist die Welt so wie immer.

Ich stehe auf und gehe auf zwei Beinen ins Bad.

Hurra!

Der blaue Fleck
auf meiner Stirn ist weg.

Ich wasche meine zehn Finger und putze mit der Zahnbürste alle meine Zähne.

Dann kämme ich fröhlich meine vielen Haare.

Ich ziehe mich an und fahre mit dem Auto auf vier Rädern in die große Stadt.

Habe ich diese Geschichte vom wundersamen Einerland nur geträumt?

Ein Männlein steht im Walde

Worte: Hoffmann von Fallersleben
Weise: volkstümlich vom Niederrhein

1. Ein Männ-lein steht im Wal - de ganz still und stumm, es
2. Das Männ-lein steht im Wal - de auf ei - nem Bein, es

hat von lau - ter Pur - pur ein Mänt-lein um. Sagt, wer mag das Männ-lein sein,
hat auf sei-nem Kopf ein schwarz Käpp-lein klein.

das da steht im Wald al-lein 1. mit dem pur-pur - ro - t - en Män-te-lein?
2. mit dem klei-nen schwa - r - zen Käp-pe-lein?